YTONG

Plastisches Gestalten

Käthe Schulze

YTONG
Plastisches Gestalten

ENGLISCH VERLAG

Die Deutsche Bibliothek – CIP-Einheitsaufnahme
Ytong: plastisches Gestalten / Käthe Schulze. – Wiesbaden: Englisch, 2001
ISBN 3-8241-1073-3

© by Englisch Verlag GmbH, Wiesbaden 2001
ISBN 3-8241-1073-3
Alle Rechte vorbehalten. Nachdruck, auch auszugsweise, verboten.
Fotos: Frank Schuppelius
Herstellung: Michael Feuerer
Printed in Italy

Inhaltsverzeichnis

Vorwort 7

Material und Werkzeug 8
Das Material Ytong 8
Werkzeug und Hilfsmittel 9
Der Arbeitsplatz 9

Gestalten mit Ytong 10
Ytong und seine Möglichkeiten 10
Einführung in die Arbeit mit Ytong . . 10
Die Nachbehandlung 11

Schritt-für-Schritt-Anleitung 11

Blumensäulen und -würfel 14
Runde Blumensäule mit 8 Halbsäulen . 14
Eckige Blumensäule mit Längsrillen   16
Blumensäule mit Sonnenblume . . 18
Blumensäule mit Wülsten 20
Blumenwürfel mit vier
verschiedenen Motiven 22

Nützliches für Terrasse und Garten 24
Leuchtturm-Windlicht 24
Vogeltränke 26
Laterne 28

Possierliche Tierkinder 30
Pinguinbaby mit Mutter 30
Junger Seehund 32
Löwenjunges 34
Bärenkind 36
Kleine Schildkröte 38
Kätzchen 40

Liebenswerte Tiere 42
Katze 42
Henne und Hahn 44
Hase 46

Karpfen 48
Skalar-Fisch 48
Delphin 50

**Außergewöhnliche
Gestaltungsideen** 52
Kykladische Eule 52
Kykladischer Frauenkopf 54
Kykladischer Männerkopf 56
Herzrelief 58
Elefantenrelief 60
Eulenrelief 61
Umschlungene Pinguine 62

Vorwort

Das Schwerste ist bei fast allem, was man tut, das Anfangen. Hat man erst den Anfang gemacht, ergibt sich der Rest beinahe von selbst. Der Anfang wird schwerer, je älter wir werden. Doch Kinder tun es einfach! Jedes Kind wird zum kleinen Künstler, gibt man ihm Knetmasse oder Ton in die Hand. Dann, mit dem „Älterwerden", sagt man plötzlich: „Das kann ich nicht!". Viele Menschen wissen gar nicht, was ihnen dadurch entgeht. Das Wertvollste an einem selbst gefertigten Objekt ist doch die innere Zufriedenheit – das Wissen, mit den eigenen Händen etwas geschaffen zu haben!

Viele meiner Kursteilnehmer sind anfänglich davon überzeugt, das hier zur Erlernende nicht bewältigen zu können. Wenn dann am Ende eines Kurses die fertigen Kunstwerke bewundert werden, heißt es oft: „Ich kann es nicht fassen; das habe ich selbst gemacht?!" Das ist für mich als Kursleiterin die größte Befriedigung.

Dieses Buch soll Ihnen die Angst vor dem Anfangen nehmen. Es wird Sie niemand belächeln, weil Sie kreativ sind. Im Gegenteil! Man wird Ihnen und Ihrer Leistung Achtung entgegenbringen.

Ich möchte Sie in diesem Buch mit dem Ytongstein und seinen vielfältigen Möglichkeiten vertraut machen. Es soll Ihnen Mut machen und Anregungen geben, Schönes für Haus, Hof, Garten, Terrasse und Balkon zu schaffen.

Viel Erfolg und Freude bei der Arbeit wünscht Ihnen

Käthe Schulze

Material und Werkzeug

Das Material Ytong

Ytongsteine werden aus Rohstoffen der Natur und in einem die Umwelt nicht belastenden Verfahren hergestellt. Dafür wird mehlfein gemahlener Quarzsand mit den Bindemitteln Kalk und Zement unter Zugabe von Wasser und einem Porenbilder gut vermengt und in Gießformen gegossen. Durch die Reaktion des Porenbilders Aluminium (weniger als 0,5 % der Masse) mit Calciumhydroxit bildet sich Wasserstoff, der die Mischung auftreibt und Millionen kleiner Poren entstehen lässt. Neben den großen Treibporen entstehen gleichzeitig unzählige Mikroporen, die das gesamte Porenvolumen nahezu verdoppeln – auf bis zu 90 % Porenanteil im Baustoff. Im Verlauf der weiteren Herstellungsschritte entweicht der Wasserstoff, indem er sich mit dem

Luftsauerstoff zu Wasser verbindet. In den Poren bleibt nur Luft zurück, was den Stein sehr leicht macht. In einem besonderen Verfahren erfolgt dann bei ca. 190 °C und ca. 12 bar Druck die Dampfhärtung. Es entsteht ein druckfester Porenbeton, der eigentlich für den Hausbau hergestellt wird. Angefertigt wird Ytong in 3 Härtegraden: P2, P4 und P6. Für meine Zwecke benutze ich immer den weichsten Stein mit dem Härtegrad P2, weil er sich am leichtesten bearbeiten lässt.

Werkzeug und Hilfsmittel

Für den Anfang ist kein teures Werkzeug nötig; die meisten Dinge sind vielleicht in Ihrem Haushalt schon vorhanden:

+ 1 Säge (Fuchsschwanz)
+ 1 Grobraspel
+ 1 Holzbeitelsatz
+ 1 Küchenmesser
+ 1 Esslöffel
+ 1 Teelöffel
+ 1 Zollstock oder Maßband
+ 1 Wasserwaage
+ 1 Riffelraspel (eine Seite oval, leicht gebogen, spitz zulaufend, die andere Seite flach gebogen mit rundem Ende)
+ Kupferrohrstücke (0,75 cm, 1 cm und 1,5 cm Durchmesser)

+ Hammer
+ 1 Schleifblock
+ 3 Pinsel
+ Tiefgrund
+ Außenwandfarbe, eventuell mit Pilzschutz
+ Abtönfarbe

Bezugsquelle für die Steine ist ein Bauunternehmer, bei dem man nach Steinen der zweiten Wahl fragen kann. Ansonsten sind die Steine auch in einem Baustoffhandel zu erwerben. Ytongsteine gibt es in verschiedenen Größen. Daher sollten Sie vor dem Kauf wissen, was Sie aus dem Stein herstellen wollen und suchen die Steingröße danach aus.

Der Arbeitsplatz

Dieser erfordert wegen des großen Anfalls von Steinbrocken und Staub einige Überlegungen. Ein normales Zimmer im Haus ist hier nicht geeignet.

Sie sollten in einem Raum arbeiten, der leicht zu reinigen ist (Garage, Keller, Hobbyraum, möglicherweise auch Balkon oder Terrasse). Wer sehr empfindlich auf Staub reagiert, sollte bei der Arbeit einen Mundschutz tragen. Der Arbeitsplatz sollte gut beleuchtet und nicht zu klein sein, damit man sich die halbfertigen und fertigen Arbeiten auch einmal aus einigem Abstand betrachten kann.

Gestalten mit Ytong

Ytong und seine Möglichkeiten

Objekte aus Ytong haben nach ihrer Fertigstellung meist einen recht rustikalen Charakter.

Anders als Gegenstände aus Speckstein, die nach dem Polieren doch sehr edel wirken können, sind Ytongskulpturen eher für Fensterbank und Terrasse geeignet als für die Glasvitrine.

Einführung in die Arbeit mit Ytong

Der Ytongstein ist wegen seiner relativ weichen Beschaffenheit ein einfaches Ausgangsmaterial für das Fertigen von Skulpturen und Figuren. Besonders geeignet ist er als Anfangsmaterial für die ersten Versuche bildhauerischen Schaffens, gleichgültig, für welche Art der Formgebung Sie sich entscheiden.

Für das Erarbeiten von Figuren und Skulpturen ist ein gewisses Maß an Formgefühl erforderlich. Auch räumliches Vorstellungsvermögen ist vonnöten, denn eine Figur sollte von allen Seiten wirken. Trauen Sie sich dies am Anfang nicht zu, sollten Sie als Erstes eine Blumensäule mit klaren Mustern arbeiten. Hier misst man aus, zeichnet und arbeitet nach und bekommt so ein Gefühl für Material und Formen. Aufgrund meiner Kursleitertätigkeit kann ich aber aus Erfahrung sagen, dass sich dieses dreidimensionale Formgefühl recht schnell entwickelt.

Im Gegensatz zur Plastik, die von innen nach außen aufgebaut wird und jederzeit durch Hinzufügen weiterer plastischer Masse korrigiert werden kann, können wir bei einer Skulptur nur von außen nach innen arbeiten, das heißt, wir können nur von der vorhandenen Masse abtragen. Daher ist von Anfang an ein sehr bedachtes Vorgehen erforderlich, denn einmal Abgetragenes kann schließlich nicht wieder angefügt werden!

In jedem Fall ist es deshalb hilfreich, vor Beginn der Arbeit auf einem Blatt Papier eine Skizze des Wunschobjektes anzufertigen und dann auf den Stein zu übertragen. Durch das Skizzieren vertieft man sich intensiver in den Stein, und es erleichtert die dreidimensionale Vorstellung. Die Skizze dient der späteren Orientierung, da man mit ihrer Hilfe am Stein Markierungen vornehmen kann, zum Beispiel, wo für Kopf, Ohren, Arme oder Beine Stein ausgespart werden muss. Auch Proportionen und typische Körperhaltungen sollten bei Tierfiguren beachtet und mit Hilfe der Skizze auf den Stein übertragen werden.

Die Nachbehandlung

Da Ytongfiguren auch größer ausfallen können und häufig im Freien aufgestellt werden, sollten sie in jedem Fall wetter- und winterfest gemacht werden. Am besten achtet man schon beim Kauf des Steins darauf, dass er möglichst trocken ist. Ansonsten schaffen ein paar Tage in der Sonne oder auf der Heizung leicht Abhilfe. Wenn die Figur fertig ist, wird sie gründlich mit dem Pinsel abgestaubt. Jetzt bestreichen wir sie von allen Seiten satt mit Tiefgrund und vergessen dabei auch Innenseiten oder Hohlräume nicht. Der Tiefgrund verhindert, dass Feuchtigkeit und Nässe in den Stein eindringen können. Lassen Sie den Stein nach dieser Behandlung 24 Stunden trocknen; erst dann können Sie ihm den Farbanstrich geben. Streichen Sie grundsätzlich mit Außenwandfarbe, da sie abwaschbar und wasserabweisend ist. Sie können diese Farbe natürlich auch abtönen. Auch mit Holzschutzfarbe habe ich beste Erfahrungen gemacht. Diese Farbe hat nach dem Trocknen einen matten Glanz. Sie ist wasserlöslich, das heißt, man kann sie mit Wasser abtönen. Getrocknet ist sie jedoch sehr wasserabweisend. An der fertigen Arbeit kann man mit Farbe noch sehr viel verändern. Versieht man eine Leuchtturm-Skulptur sparsam mit blauen Streifen, wird man unweigerlich die Nordseewellen rauschen hören. Auch bei Tierfiguren ist es manchmal ratsam, ein wenig mit Farbe zu „spielen". So bekommen Augen zum Beispiel viel mehr Ausdruck – sie werden sehend!

Wenn der Ytongstein das Jahr über im Freien steht, siedeln sich nach einiger Zeit gern Algen an – die Skulpturen werden grün. Das kann sehr schön sein und wie eine Art Patina wirken. Aber es ist eben nicht jedermanns Geschmack. Wenn die Figur Algen angesetzt hat und grün geworden ist, können Sie sie mit einer nicht zu harten Bürste und Seifenlauge säubern. Reicht das nicht aus, um den Grünstich zu beseitigen, streichen Sie sie noch einmal mit Außenwandfarbe. Mit jedem neuen Anstrich wird der Stein glatter, denn die Poren füllen sich mit Farbe. Bewahren Sie Ihr Objekt jedoch in der Wohnung auf, wird kein erneutes Streichen notwendig.

Hilfreiche Tipps

1. Wenn es Ihnen schwer fallen sollte, die Skizzen frei Hand vergrößert auf die Ytongsteine zu übertragen, können Sie sie mit einem Kopiergerät wie gewünscht vergrößern.

2. Einer Verletzung durch die Arbeit mit Säge, Hammer, Raspel und Holzbeitel können Sie vorbeugen, indem Sie mit diesen Werkzeugen immer vom Körper weg arbeiten.

Schritt-für-Schritt-Anleitung

Dieser recht einfach dargestellte Löwe eignet sich gut für das Herantasten an Tierfiguren und an das Arbeiten mit Ytong im allgemeinen.

Anhand dieses Beispiels können Sie die einzelnen Arbeitsschritte auch für die anderen in diesem Buch vorgestellten Objekte nachvollziehen.

Erster Schritt

Auf einen Ytongstein (ca. 30 x 15 x 15 cm) wird von allen Seiten mit einem Bleistift eine Skizze der Figur aufgezeichnet.

Draufsicht

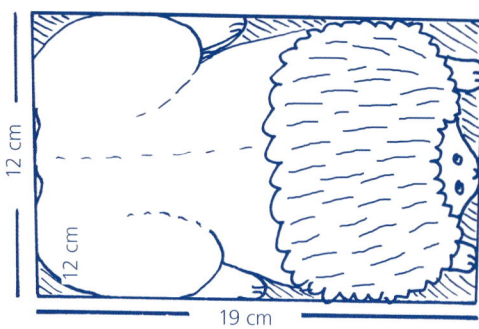

Vorderansicht

Seitenansicht

Zweiter Schritt

Mit der Säge werden überschüssige Teile oberhalb des Rückens und unter dem Kopf grob entfernt.

Gehen Sie dabei vorsichtig vor, damit Sie nicht zuviel entfernen. Körperrundungen werden hier schon angedeutet.

Raum zwischen Vorderbeinen und hinterem Schenkel freigelegt. Arbeiten Sie dabei immer vom Körper weg, damit Sie sich nicht verletzen.

Mit der Riffelraspel werden nun noch die Feinheiten herausgearbeitet. Als Letztes deuten Sie den Schwanz an und strukturieren die Mähne mit dem spitzen Ende der Riffelraspel. Das Gesicht erhält jetzt Form und Ausdruck.

Dritter Schritt

Mit der Grobraspel tastet man sich vorsichtig an die Rundungen des Rumpfes heran. Immer wieder muss zwischendurch der Staub mit dem Pinsel entfernt werden, damit Sie Ihren Fortschritt erkennen können. Bitte pusten Sie den Staub nicht ab, da Sie ihn sonst einatmen!

Vierter Schritt

Nun wird der Kopf herausgeraspelt und mit Hammer und Holzbeitel vorsichtig der

Fünfter Schritt

Mit dem Schleifblock glättet man jetzt die Struktur des Steines und pinselt den Staub nochmals ab.

So kommen alle Konturen gut zur Geltung und bei der Nachbehandlung haftet die Farbe besser.

Sechster Schritt

Danach wird das Werkstück mit Tiefgrund gestrichen und nach 24 Stunden mit dem endgültigen Farbanstrich versehen. Fertig!

Blumensäulen und -würfel

Runde Blumensäule mit 8 Halbsäulen

Material

+ Ytongstein, 50 x 20 x 20 cm
+ Außenwandfarbe in Weiß
+ Tiefgrund
+ Maßband
+ Wasserwaage
+ Säge (Fuchsschwanz)
+ Messer
+ Grobraspel
+ Riffelraspel
+ Schleifblock
+ Pinsel

Anleitung

Beginnen Sie damit, die Abmessungen auf den Steinblock zu zeichnen. Messen Sie auf den Schmalseiten von unten für den Fuß ca. 4,5 cm ab und zeichnen in dieser Höhe eine Linie rund um den Stein. Diese Linie sägen Sie rundherum ca. 2 cm tief ein, an den Ecken etwas tiefer. Jetzt messen Sie von oben ca. 4 cm für die quadratische Ablagefläche ab und zeichnen mit dem Bleistift eine Linie rund um die Säule. Diese Linie sägen Sie wiederum ca. 2 cm tief ein. Für die runde Wulst darunter wird in ca. 3,5 cm Abstand zur ersten Markierung eine zweite Linie gezogen und ebenfalls etwa 2 cm tief eingesägt. Entstauben Sie zwischendurch Ihre Arbeit immer wieder mit dem Pinsel.

Nun arbeiten Sie mit der Grobraspel das Mittelteil rund, sodass sich die Säule zur oberen Wulst und zum Standfuß hin verjüngt. Dies können Sie vereinfachen, indem Sie vorsichtig mit der Säge unter der Ablage

und über dem Standfuß ca. 2 cm Stein wegsägen. Wenn Sie alles rundgeraspelt haben, fertigen Sie die runde Wulst unter der Ablagefläche. Dafür werden die Ecken wiederum vorsichtig weggesägt und dann die Wulst mit der Grobraspel rund ausgearbeitet.

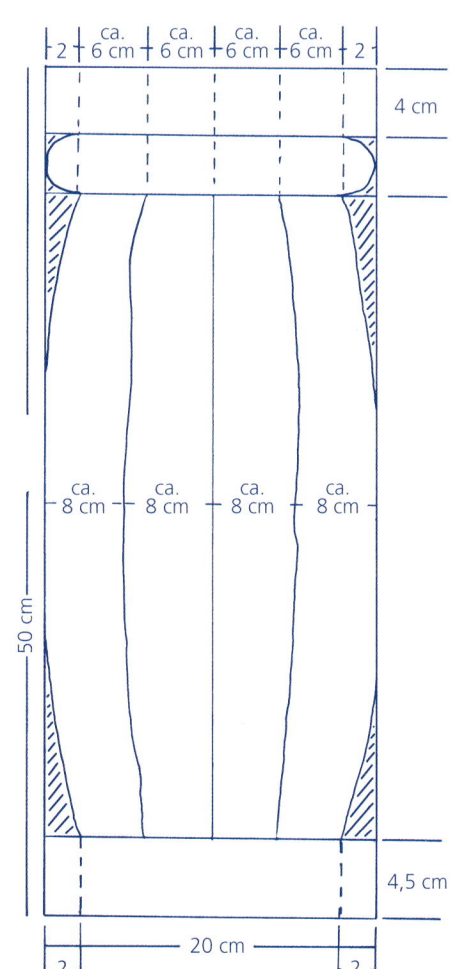

Dann werden die senkrechten Halbsäulen gefertigt. Dafür legen Sie an der dicksten Stelle des Mittelteils das Maßband an und messen den Umfang. In unserem Fall sind es 64 cm, was durch 8 geteilt 8 cm ergibt. Jede Halbsäule wird also 8 cm breit und Sie zeichnen alle 8 cm eine Markierung an. Legen Sie nun an der ersten Markierung eine Wasserwaage senkrecht an und zeichnen eine Linie für die Halbsäule nach oben und nach unten. Ebenso verfahren Sie bei den anderen 7 Halbsäulen. Die Bleistiftlinien werden dann mit dem Messer möglichst tief eingeschnitten und anschließend die senkrechten Halbsäulen mit der Riffelraspel rund herausgearbeitet.

Je tiefer Sie die Vertiefungen zwischen den Halbsäulen arbeiten, umso plastischer kommen sie zur Geltung.

Danach glätten Sie noch einmal Ihre Arbeit, stauben sie gut ab und streichen sie mit Tiefgrund. Vergessen Sie hierbei die Unterseite nicht, damit die Säule auch im Garten stehen kann. Nach 24 Stunden können Sie den Farbanstrich vornehmen.

Eckige Blumensäule mit Längsrillen

Material

+ Ytongstein, 50 x 20 x 17 cm
+ Außenwandfarbe in Weiß
+ Tiefgrund
+ Maßband
+ Wasserwaage
+ Säge (Fuchsschwanz)
+ Messer
+ Grobraspel
+ Riffelraspel
+ Löffel
+ Schleifblock
+ Pinsel

Anleitung

Zeichnen Sie zunächst die Abmessungen auf den Steinblock. Dann arbeiten Sie den Kopf entsprechend der Skizze. Entstauben Sie zwischendurch Ihre Arbeit immer wieder mit dem Pinsel.

Jetzt nehmen Sie die Einteilung der Rillen auf den vier Seiten der Säule vor. Beginnen Sie mit einer breiten Seite und halten sich dabei an folgende Einteilung: 3 – 3 – 2,5 – 3 – 2,5 – 3 – 3 cm. In diesen Abständen zeichnen Sie mit Hilfe der Wasserwaage senkrechte Linien auf und schneiden sie mit dem Messer vorsichtig nach. Führen Sie die Schnitte bis zum unteren Rand, sparen aber nach oben hin ca. 3 cm aus. Anschließend werden die vier Ecken unten nach außen hin auslaufend mit der Grobraspel rundgeformt. Mit dem Löffel wird jetzt die erste Rille geschabt, und zwar unmittelbar bis zur Schnittstelle und nach oben hin auslaufend. Die angrenzenden 2,5 cm lassen Sie stehen und schaben die nächsten 3 cm aus. Hier ist es hilfreich, die Markierungszwischenräume, die ausgeschabt werden sollen, mit einer Bleistiftschraffur zu kennzeichnen.

Die schmalen Seiten sind wie folgt eingeteilt: 3 – 4 – 3 – 4 – 3 cm. Hier werden die 4 cm breiten Markierungszwischenräume mit dem Löffel ausgeschabt.

Abschließend glätten Sie die Säule noch einmal mit dem Schleifblock, stauben sie gut ab und streichen sie mit Tiefgrund. Denken Sie hierbei auch an die Unterseite, damit Sie Ihre Säule auch im Garten aufstellen können. Nach 24 Stunden können Sie den Farbanstrich vornehmen.

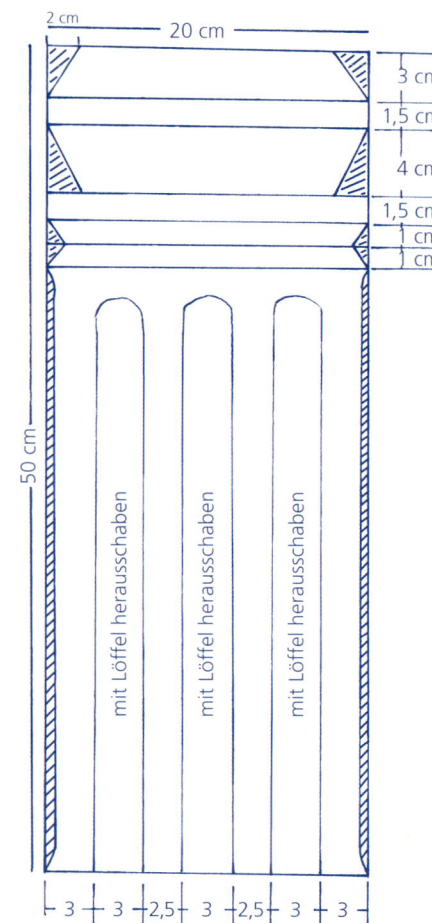

Blumensäule mit Sonnenblume

Material
+ Ytongstein, 48 x 20 x 20 cm
+ Außenwandfarbe in Weiß, Braun und Gelb
+ Tiefgrund
+ Maßband
+ Säge (Fuchsschwanz)
+ Messer
+ Grobraspel, Riffelraspel
+ Schleifblock
+ Pinsel

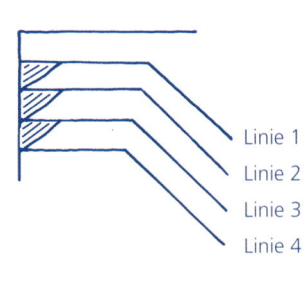

Linie 1
Linie 2
Linie 3
Linie 4

3 cm
3 cm
2 cm

48 cm

2 cm
2 cm
2 cm
3 cm

20 cm

Anleitung
Zeichnen Sie zunächst die Abmessungen auf den Steinblock. Für den Standfuß zeichnen Sie auf den Schmalseiten 4 cm vom unteren Rand die erste Linie und eine zweite ca. 3 cm darüber. Sägen Sie von der ersten zur zweiten Linie schräg nach oben in den Stein. Nun wird eine dritte Linie 3,5 cm darüber gezogen und diesmal schräg nach unten eingesägt. Haben Sie ordentlich gesägt, müsste jetzt das ausgesägte Teil herausfallen. Entstauben Sie zwischendurch Ihre Arbeit immer wieder mit dem Pinsel.

Am oberen Teil der Blumensäule wird ähnlich gearbeitet. Von oben her werden 3,5 cm abgemessen und die erste Linie gezogen. Die zweite Linie zeichnen Sie 3 cm tiefer, die dritte wiederum 3,5 cm darunter. Die vierte und letzte Linie befindet sich 3,5 cm unter der dritten. Sägen Sie nun von Linie 1 ca. 3 cm waagerecht in den Stein hinein. Von Linie 2 sägen Sie schräg nach oben, bis Sie das Ende des Sägeschnittes von Linie 1 treffen, und dann noch einmal ca. 3 cm waagerecht in den Stein hinein. Dasselbe wiederholen Sie mit den Linien 3 und 4. Dann werden die Ecken des Mittelstückes mit der Grobraspel vorsichtig abgerundet.

Jetzt zeichnen Sie jeweils eine, wie auf der Abbildung, etwas in die Länge gezogene Sonnenblume auf die Seiten der Säule. Schneiden Sie vorsichtig die Konturen der Blume mit dem Messer ein und arbeiten sie mit der spitzen Seite der Riffelraspel nach. Anschließend wird alles außerhalb der Konturen der Blütenblätter etwa 0,5 cm tief weggeraspelt, sodass die Sonnenblume erhaben ist. Pinseln Sie Ihre Arbeit zwischendurch immer wieder ab.

Abschließend glätten Sie die Säule noch einmal mit dem Schleifblock, stauben sie gut ab und streichen sie mit Tiefgrund. Vergessen Sie hier auch den Boden nicht, damit Ihre Blumensäule im Garten stehen kann. Nach 24 Stunden kann der Farbanstrich vorgenommen werden.

Blumensäule mit Wülsten

Material

+ Ytongstein, 45 x 20 x 20 cm
+ Außenwandfarbe in Weiß
+ Tiefgrund
+ Maßband
+ Säge (Fuchsschwanz)
+ Grobraspel
+ Riffelraspel
+ Schleifblock
+ Pinsel

Anleitung

Beginnen Sie damit, die Abmessungen auf den Steinblock zu zeichnen. Ziehen Sie für die obere Wulst ca. 3,5 cm unter dem oberen Ende der Säule rundherum eine waagerechte Linie. Diese sägen Sie waagerecht ca. 2,5 cm tief ein, an den Ecken etwas tiefer. Nun können Sie mit der Grobraspel die obere Wulst abrunden. Der Fuß muss etwas kompakter werden: Messen Sie vom unteren Ende der Säule 4 cm nach oben ab und ziehen mit dem Bleistift eine waagerechte Linie um die Säule. Eine zweite Linie wird ca. 3,5 cm darüber gezogen. Sägen Sie nun beide Linie ca. 2 cm tief ein. Den zwischen den beiden Linien stehen gebliebenen Stein arbeiten Sie mit der Grobraspel zu einer abgerundeten Wulst. Entstauben Sie zwischendurch Ihre Arbeit immer wieder mit dem Pinsel.

Nun raspeln Sie mit der Grobraspel jeweils eine eckig-runde Kugel unter der oberen und über der unteren Wulst. Auch in der Mitte zwischen den beiden Kugeln soll eine Wulst entstehen. Hier können Sie mit der

Säge nachhelfen, den Einkerbungen zwischen den Kugeln die entsprechende Tiefe zu geben. Runden Sie alles mit der Grobraspel ab und arbeiten in die mittlere Wulst eine waagerechte Kerbe ein.

Danach glätten Sie noch einmal Ihre Arbeit, pinseln den Staub ab und streichen sie mit Tiefgrund. Vergessen Sie hierbei auch die Unterseite nicht, damit die Säule auch im Garten stehen kann. Nach 24 Stunden können Sie den Farbanstrich vornehmen.

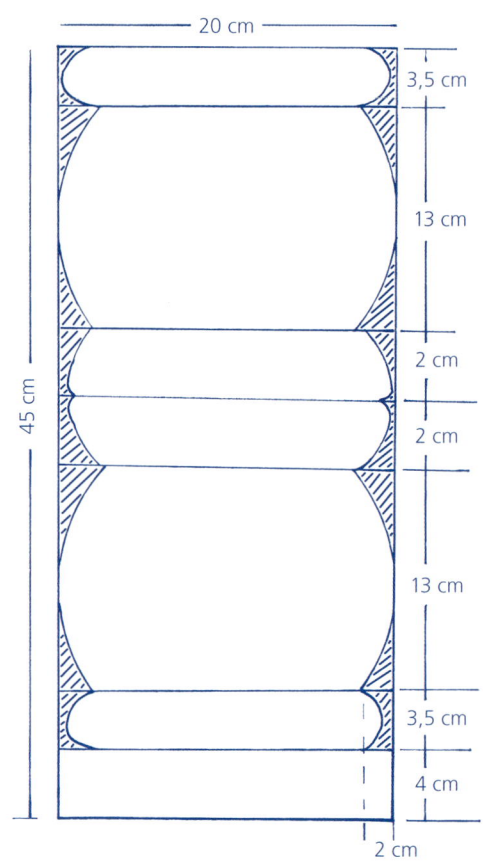

Blumenwürfel mit vier verschiedenen Motiven

Material
✦ Ytongstein, 24 x 24 x 24 cm
✦ Außenwandfarbe in Weiß und Ocker
✦ Tiefgrund
✦ Maßband
✦ Säge (Fuchsschwanz)
✦ Messer
✦ Grobraspel
✦ Riffelraspel
✦ Schleifblock
✦ Pinsel

Anleitung
Runden Sie zunächst alle 12 Kanten vorsichtig mit der Grobraspel ab. Dann übertragen Sie die Konturen der Motive vom Vorlagebogen auf die Seiten des Steins. Der Boden und die Standfläche für die Pflanze bleiben leer. Schneiden Sie alle Linien sorgfältig mit dem Messer nach und raspeln alles überflüssige Material außerhalb der Motivkonturen mit der Riffelraspel ca. 0,5 cm tief weg. Vergessen Sie nicht, Ihre Arbeit

zwischendurch immer wieder mit dem Pinsel zu entstauben. Deuten Sie Blattadern etc. mit der Riffelraspel leicht an.

Abschließend glätten Sie die Säule noch einmal mit dem Schleifblock, stauben sie gut ab und streichen sie mit Tiefgrund. Vergessen Sie hier auch den Boden nicht, damit Ihre Blumensäule im Garten stehen kann. Nach 24 Stunden streichen Sie den Würfel von allen Seiten mit weißer Außenwandfarbe und heben die Motive mit Ocker hervor.

Nützliches für Terrasse und Garten

Leuchtturm-Windlicht

Material
- Ytongstein, 30 x 20 x 20 cm
- Tiefgrund
- Außenwandfarbe in Weiß und Dunkelblau
- Säge (Fuchsschwanz)
- Hammer
- kleiner Holzbeitel
- Grobraspel, Riffelraspel
- Schleifblock, Pinsel

Anleitung
Der Leuchtturm wird in 2 Teilen gearbeitet, nämlich als Turm und als Dach. Dazu sägen Sie zunächst den Ytongstein quer in zwei Teile, eines 25 cm, das andere 5 cm hoch. Dann zeichnen Sie die Konturen des Leuchtturms (ohne Dach) auf alle 4 Seiten des Steines. Nun werden die Ecken des Steins bis zur Markierung weggesägt. Achten Sie dabei darauf, dass der Balkon erhalten bleiben muss! Für den Balkon sägen Sie nun oberhalb und unterhalb des Balkonvorsprungs etwa 3–4 cm tief in den Stein und tragen das Material unterhalb des Vor-

sprungs bis auf die schräge Linie der Turmwand ab. Danach werden der gesamte Leuchtturm sowie der Balkon rundgeraspelt. Lassen Sie dabei für den Balkon einen Vorsprung von ca. 2–3 cm stehen. Entstauben Sie zwischendurch Ihre Arbeit immer wieder mit dem Pinsel. Wenn die Rohform schön rund gearbeitet ist, wird damit begonnen, den Leuchtturm von oben her auszuhöhlen. Dazu verwenden Sie einen Hammer und einen kleinen Holzbeitel und meißeln von oben her das Material heraus. Gehen Sie dabei vorsichtig vor und arbeiten die Wand nicht dünner als 2 cm, damit sie nicht wegbricht. Arbeiten Sie sich bis auf die Ebene des Balkons hinunter. Nun werden 4 Fenster herausgearbeitet und alles mit der Riffelraspel glatt gefeilt.
Nun beginnen Sie mit der Ausarbeitung des Balkons. Zum Turm hin wird der umlaufende Vorsprung etwas ausgehöhlt, aber außen muss ein Rand als Geländer stehen bleiben. Die Fenster sollten bis zum „Boden" des Balkons herunterreichen. Im Inneren des Leuchtturms wird nun eine kleine

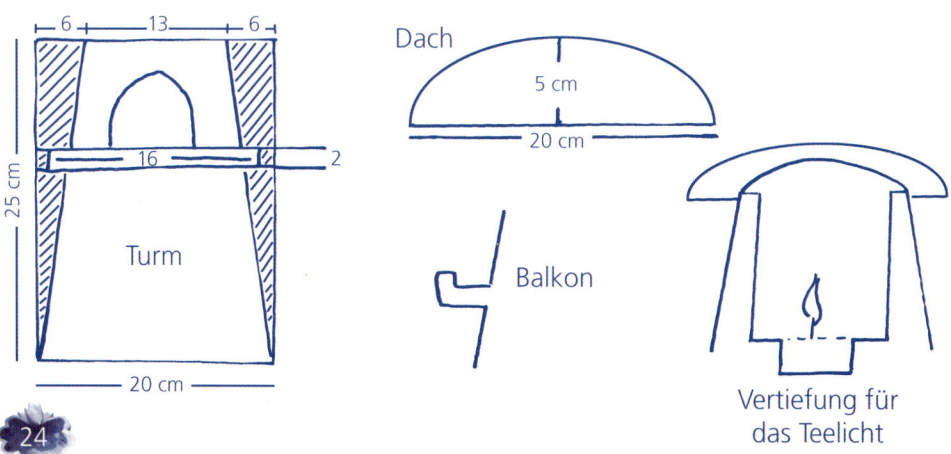

Vertiefung für das Teelicht gearbeitet.

Das Dach hat den gleichen Durchmesser wie der Fuß des Turms. Zuerst raspeln Sie die Ecken des Steins weg und setzen ihn dann mittig auf den Turm und zeichnen mit dem Bleistift von unten die Rundung des Leuchtturms an. Nehmen Sie den Stein herunter und drehen ihn um. Auf der gemalten Linie arbeiten Sie etwa 1 cm gerade in das Dach hinein und höhlen es dann halbrund aus. Danach drehen Sie das Dach wieder richtig herum und formen mit der Riffelraspel die runde Dachschräge. Probieren Sie von Zeit zu Zeit, ob das Dach gut auf den Leuchtturm passt.

Zum Schluss bohren Sie ein Loch in die Spitze des Daches – die Kerze brennt dann besser und rußt nicht.

Abschließend glätten Sie Ihre Arbeit noch einmal mit dem Schleifblock und entstauben sie mit dem Pinsel. Nun wird der Leuchtturm mit Tiefgrund eingestrichen. Nach 24 Stunden folgt der Anstrich mit weißer Außenwandfarbe. Wenn diese getrocknet ist, malen Sie die blauen Streifen mit Abtönfarbe. Und jetzt werden Sie sicher kaum noch abwarten können, bis Sie nach dem Trocknen der Farbe ein Teelicht einsetzen und anzünden können!

Vogeltränke

Material
+ Ytongscheibe, 6 x 25 x 30 cm
+ Tiefgrund
+ Außenwandfarbe in Weiß
  und Hellblau
+ Holzdübel
+ Säge (Fuchsschwanz)
+ Hammer
+ kleiner Holzbeitel
+ Löffel
+ Grobraspel
+ Riffelraspel
+ Schleifblock
+ Pinsel

Anleitung
Die Vogeltränke wird in zwei Teilen gearbeitet. Den Vogel setzt man nach der Fertigstellung der Tränke mit einem Dübel auf. Zunächst zeichnen Sie mit dem Bleistift die spätere Form der Tränke auf den Stein (siehe Skizze 1 VT) und sägen die Ecken ab. Aus einem Eckstück wird später der Vogel gearbeitet. Entstauben Sie Ihre Arbeit zwischendurch immer wieder mit dem Pinsel. Nun arbeiten Sie mit der Raspel die äußere Form der Vogeltränke, wobei sich die Außenwand nach unten hin verjüngen sollte. Da-

30 cm

25 cm

nach höhlen Sie das Innere der Tränke aus, schlagen dazu mit Hammer und Holzbeitel den Ytong Stück für Stück heraus, bis eine Tiefe von 3,5 – 4 cm erreicht ist. Hier können Sie auch sehr gut mit einem alten Löffel arbeiten. Glätten Sie alles mit der Riffelraspel. Nun zeichnen Sie mit dem Bleistift die Umrisse des Vogels auf eine der vier zuvor abgesägten Steinecken. Benutzen Sie die Raspel, um den Vogel herauszuarbeiten. Denken Sie daran, dass Flügel, Schwanz und

Kopf und vor allem der Schnabel überstehen und nicht abgetragen werden dürfen. Ist der Vogel fertig (und sollte er nicht beim ersten Mal gelungen sein, haben Sie ja noch drei Ecken übrig!), bohren Sie in den Vogel von unten und passgenau in die Vogeltränke ein Loch in der Größe eines Holzdübels. Jetzt wird nochmals alles geglättet und gründlich der Staub abgepinselt. Dann streichen Sie Ihre Arbeit mit Tiefgrund ein. In die Vertiefung der Tränke gießen Sie Tiefgrundflüssigkeit hinein und streichen sie bis zum Rand hoch, damit sich die Poren vollsaugen und die Tränke dicht wird. Dann gießen Sie die überschüssige Farbe wieder in den Behälter zurück und streichen alle anderen Flächen, auch den Boden, von unten.

Nach dieser Behandlung sollte die Tränke 48 Stunden lang trocknen. Danach können Sie einen Farbanstrich vornehmen und zum Beispiel die Vertiefung der Tränke blau streichen.

Laterne

Material

- Ytongsteine, 20 x 16 x 16 cm und 20 x 20 x 5 cm
- Tiefgrund
- Außenwandfarbe in Weiß, evtl. weitere Farbtöne
- 4 Glasscheiben (12,5 x 12,5 cm)
- Window-Color in verschiedenen Farben
- Säge (Fuchsschwanz)
- Hammer
- kleiner Holzbeitel
- Grobraspel, Riffelraspel
- Schleifblock, Pinsel

Anleitung

Wie der Leuchtturm wird die Laterne in zwei Teilen gearbeitet, um das Einsetzen einer Kerze zu ermöglichen.

Nun zeichnen Sie die Umrisse der Laterne (ohne Dach) auf alle 4 Seiten des Steines. Für den Fuß der Laterne sägen Sie entsprechend der Abbildung von allen vier Seiten etwa 3 cm tief waagerecht in den Block hinein. Mit der Säge arbeiten Sie nun schräg von unten (ca. 1 cm vom Rand entfernt) zur eingesägten Linie. Anschließend glätten Sie Ihre Arbeit mit dem Schleifblock. Entstauben Sie sie zwischendurch immer wieder mit dem Pinsel.

Nun runden Sie die Ecken der Laterne mit der Raspel ab und beginnen dann, sie von oben her auszuhöhlen. Dazu verwenden Sie einen Hammer und einen kleinen Holzbeitel und meißeln von oben her das Material heraus. Gehen Sie dabei vorsichtig vor und arbeiten die Wand nicht dünner als 1,5 cm, damit sie nicht wegbricht. Nun werden 4 Fenster herausgearbeitet und anschließend alles mit der Riffelraspel glatt gefeilt.

Der Fuß verbirgt die Luftlöcher für die Kerze, die Sie jetzt über dem Sockel in den Boden der Laterne bohren.

Für das Dach setzen Sie den zweiten Stein mittig auf die Laterne und zeichnen mit

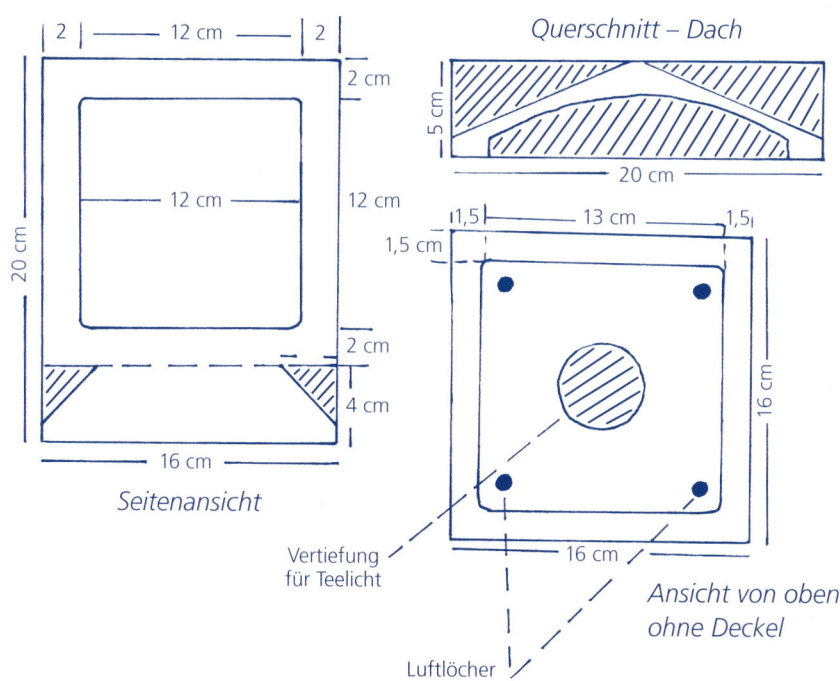

Seitenansicht

Querschnitt – Dach

Vertiefung für Teelicht

Luftlöcher

Ansicht von oben ohne Deckel

dem Bleistift von unten die Form der Laterne an. Nehmen Sie den Stein herunter
und drehen ihn um. Auf der gemalten Linie
arbeiten Sie etwa 1 cm gerade in das Dach
hinein und höhlen es dann halbrund aus.
Probieren Sie von Zeit zu Zeit, ob das Dach
gut auf die Laterne passt. Danach drehen
Sie das Dach wieder richtig herum und formen mit der Riffelraspel die Dachschrägen.
Zum Schluss bohren Sie ein Loch in die

Spitze des Daches, damit die Kerze besser
brennt und nicht rußt. Jetzt wird nochmals
alles geglättet und gründlich der Staub abgepinselt. Dann streichen Sie Ihre Arbeit mit
Tiefgrund ein.
Abschließend bemalen Sie die vier Glasscheiben mit Window-Color und setzen sie
in die Laterne ein. Die Glasscheiben kann
man am besten mit Knete oder aber auch
mit Kleber oder Heißkleber fixieren.

Possierliche Tierkinder

Pinguinbaby mit Mutter

Material

- ✦ Ytongstein, evtl. Reststück, 20 x 15 x 15 cm
- ✦ Tiefgrund
- ✦ Außenwandfarbe in Weiß
- ✦ Säge (Fuchsschwanz)
- ✦ Grobraspel, Riffelraspel
- ✦ Schleifblock, Pinsel
- ✦ Stück Kupferrohr (1,5 cm Durchmesser)
- ✦ Hammer

Anleitung

Zeichnen Sie entsprechend der Skizzen die Umrisse des Pinguinbabys auf den Stein. Die Vorderansicht ist besonders wichtig, damit Sie Material für den Flügel aussparen können und nichts versehentlich abtragen. Bei der Seitenansicht kann man sehr gut erkennen, wo Ytong für Kopf, Schnabel, Schwanz und Füße stehen bleiben muss. Tragen Sie mit der Säge von der Oberansicht her den überschüssigen Stein grob ab und arbeiten sich dann vorsichtig mit der Grobraspel an die Form heran. Gehen Sie ebenso von den anderen Seiten vor und achten dabei auf die Körperrundungen. Entstauben Sie zwischendurch Ihre Arbeit immer wieder mit dem Pinsel. Bei den Flügeln und Füßen müssen Sie besonders sorgfältig und nicht zu dünn arbeiten, denn sonst brechen sie leicht weg.

Der Schnabel sollte kurz und kompakt und die Augen groß sein, damit der Pinguin auch wie ein Jungtier wirkt. Für die Augen setzen Sie das Stück Kupferrohr an den entsprechenden Stellen auf und schlagen es vorsichtig mit dem Hammer etwa 3–4 mm in den Stein. Dann tragen Sie mit der Riffelraspel sorgfältig den Stein um das Auge ab. So entsteht eine erhabene Linse, die zur Halbkugel geraspelt wird. Nun ist der kleine Pinguin fertig. Jetzt wird nochmals alles geglättet und gründlich der Staub abgepinselt. Streichen sie ihn abschließend noch mit Tiefgrund ein. Wenn Sie möchten, können Sie dem Pinguinbaby nach 24 Stunden mit schwarzer Farbe den typischen Frack „verpassen". Aber auch in Weiß wirkt er sehr schön. Wenn Sie nun meinen, der kleine Pinguin wirkt so einsam, dann fertigen Sie ihm doch eine Mutter! Dafür brauchen Sie einen etwas größeren Stein. Sie können genauso vorgehen, wie bei dem Pinguin-Kind, nur sollte der Schnabel länger und schmaler und die Augen kleiner werden, um der Mutter den Charakter eines erwachsenen Tieres zu geben.

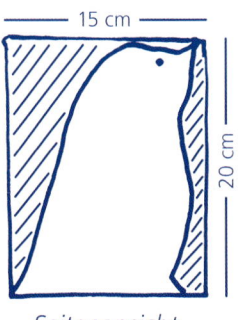

Seitenansicht

Rückenansicht

Draufsicht

Junger Seehund

Material

- ✦ Ytongstein, 28 x 25 x 13 cm
- ✦ Tiefgrund
- ✦ Außenwandfarbe in Weiß
- ✦ Säge (Fuchsschwanz)
- ✦ Grobraspel
- ✦ Riffelraspel
- ✦ Schleifblock
- ✦ Pinsel
- ✦ Stück Kupferrohr
  (1 cm Durchmesser)
- ✦ Hammer
- ✦ Kartoffelschälmesser

Anleitung

Zeichnen Sie wie auf den Skizzen die Umrisse des kleinen Seehunds auf den Stein. Um die Mitte zwischen Kopf und Schwanz herauszuarbeiten, ist es sehr hilfreich, an einigen Stellen mit der Bohrmaschine Löcher durch den Stein zu bohren und erst dann mit der Säge weiterzuarbeiten. Alle weiteren Formen arbeiten Sie mit der Säge, Grobraspel und Riffelraspel. Zwischendurch wird der Seehund immer wieder mit dem Pinsel abgestaubt. Arbeiten Sie nun die Schnauze mit der kleinen Knopfnase mithilfe des Kartoffelschälmessers heraus. Für die Augen wird das Stück Kupferrohr an den entsprechenden Stellen aufgesetzt und vorsichtig mit dem Hammer etwa 2 mm in den Stein getrieben. Anschließend wird mit der Riffelraspel der Stein um das Auge vorsichtig abgetragen. So entsteht eine erhabene Linse, die Sie zur Halbkugel raspeln. Abschließend glätten Sie den Kleinen noch einmal mit dem Schleifblock und pinseln ihn ab. Dann tragen Sie Tiefgrund auf. Nach 24 Stunden können sie den Seehund farbig anmalen. Hier würden sich zum Beispiel Silbergrau für den Körper und Schwarz für die Augen anbieten. Wenn Sie in die schwarzen Augen in die noch feuchte Farbe mit einem sehr feinen Pinsel noch einen kleinen weißen Lichtpunkt setzen, werden die Augen richtig lebendig. Platzieren Sie die Lichtpunkte dort, wo bei guter Beleuchtung die feuchte schwarze Farbe glänzt.

Vorderansicht

28 cm · 25 cm

Seitenansicht

13 cm · 25 cm

Draufsicht

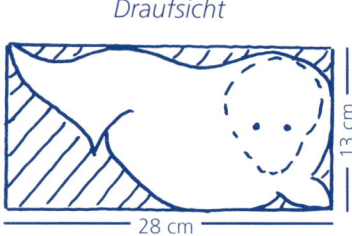

28 cm · 13 cm

Löwenjunges

Material

- ✦ Ytongstein, 25 x 11 x 12 cm
- ✦ Tiefgrund
- ✦ Außenwandfarbe in Weiß
- ✦ Säge (Fuchsschwanz)
- ✦ Grobraspel
- ✦ Riffelraspel
- ✦ Hammer
- ✦ Holzbeitel
- ✦ Schleifblock
- ✦ Pinsel
- ✦ Stück Kupferrohr
  (1 cm Durchmesser)

Anleitung

Skizzieren Sie das Löwenjunge von allen Seiten auf dem Stein. Mit der Säge tragen Sie den überschüssigen Stein oberhalb des Rückens und unter dem Kopf grob ab. Achten Sie darauf, dass Sie nicht zuviel absägen, denn als Nächstes arbeiten Sie die Körperrundung mit der Grobraspel aus. Entstauben Sie Ihre Arbeit zwischendurch immer wieder mit dem Pinsel. Raspeln Sie nun die Form des Kopfes heraus und berücksichtigen dabei auch die typische Löwenmähne. Den Raum zwischen den beiden Vorderbeinen sowie zwischen diesen und den Hinterbeinen legen Sie nun mit Hammer und Holzbeitel frei. Mit der Riffelraspel werden nun noch die Feinheiten herausgearbeitet. Die Mähne wird strukturiert und dem Gesicht Form und Ausdruck verliehen, indem Sie vorsichtig die Zeichnung der Schnauze einritzen. Für die Augen wird ein Stück Kupferrohr mit dem Hammer vorsichtig ca. 2 mm in den Stein getrieben. Außerhalb des Kreises tragen Sie vorsichtig etwas Stein ab und feilen anschließend die Augen zu Halbkugeln. Glätten Sie abschließend den kleinen Löwen mit dem Schleifblock, pinseln ihn ab und streichen ihn nach dem Abpinseln mit Tiefgrund. Nach 24 Stunden können Sie ihn mit einem Farbanstrich versehen. Vielleicht möchten Sie zum Beispiel die Mähne farbig absetzen?

Vorderansicht

25 cm

12 cm

Seitenansicht

11 cm

Bärenkind

Material

- Ytongstein, 15 x 17 x 14 cm
- Tiefgrund
- Außenwandfarbe in Weiß
- Säge (Fuchsschwanz)
- Grobraspel
- Riffelraspel
- Stück Kupferrohr
  (1 cm Durchmesser)
- Hammer
- Schleifblock
- Pinsel

Anleitung

Beginnen Sie mit dem Skizzieren der Umrisse auf den Stein und orientieren sich dabei an den Skizzen. Tragen Sie nun mit der Säge den überschüssigen Stein ab und nehmen die Feinformung dann mit der Grobraspel vor. Achten Sie hierbei besonders auf die runden Bärenohren, für die Sie Stein aussparen müssen. Zwischen den Ohren arbeiten Sie mit der Grobraspel die runde Kopfform heraus. Nun feilen Sie die Schnauze und ritzen das typische Bärenmäulchen ein. Für die Augen wird ein Stück Kupferrohr mit dem Hammer vorsichtig 3 mm in den Stein hineingetrieben. Tragen Sie den Stein außerhalb der Kreise ab und feilen anschließend mit der Riffelraspel die stehen gebliebenen Linsen zu Halbkugeln. Die Knöpfe auf dem Bauch sind ebenfalls mit dem Stück Kupferrohr gearbeitet. Durch die Knöpfe gewinnt das Bärenkind den Charakter eines Teddybären, doch können sie auch weggelassen werden. Jetzt wird die gesamte Körperform mit der Grobraspel ausgearbeitet. Glätten Sie abschließend Ihr Bärchen mit dem Schleifblock und streichen ihn nach dem Abpinseln mit Tiefgrund. Nach 24 Stunden können Sie ihn mit einem Farbanstrich versehen.

Vorderansicht

15 cm

17 cm

Draufsicht

17 cm

Seitenansicht

15 cm

14 cm

Kleine Schildkröte

Material

- Ytongstein, 20 x 15 x 12 cm
- Tiefgrund
- Außenwandfarbe in Weiß
- Säge (Fuchsschwanz)
- Grobraspel
- Riffelraspel
- Messer
- Stück Kupferrohr
  (1 cm Durchmesser)
- Hammer
- Schleifblock
- Pinsel

Anleitung

Zeichnen Sie die Aufsicht der kleinen Schildkröte wie in der Skizze gezeigt auf den Stein. Gehen Sie beim Abtragen des überschüssigen Steins mit der Säge besonders sorgfältig vor, weil Kopf, Hals, die Beinpaare und der Schwanz unter dem Rückenpanzer hervorragen. Für die Feinformung verwenden Sie die Grobraspel. Am Kopf sollten Sie sehr vorsichtig und mit nicht zu viel Druck arbeiten, damit er nicht abbricht. Entstauben Sie zwischendurch Ihre Arbeit immer wieder mit dem Staubpinsel. Die Füße werden mit der Riffelraspel herausgearbeitet und die Krallen angedeutet. Den Bauch runden Sie mit der Grobraspel ab, sodass die Schildkröte am Ende auf vier Füßen steht und nicht mehr mit dem Bauch aufliegt.

Seitenansicht   Vorderansicht   Draufsicht

12 cm   15 cm

20 cm   15 cm   20 cm

Für die Augen wird ein Stück Kupferrohr mit dem Hammer vorsichtig 2 mm in den Stein hineingetrieben. Tragen Sie den Stein außerhalb der Kreise ab und feilen anschließend mit der Riffelraspel die stehen gebliebenen Linsen zu Halbkugeln. Ritzen Sie nun den Mund mit dem Messer ein und ziehen dabei die Mundwinkel leicht zu einem Lächeln nach oben. Bei dem Panzer müssen die Hornplatten-Felder betont werden. Zeichnen Sie sich dazu die Felder mit dem Bleistift auf die grobe Form des Panzers auf und schneiden die Linien mit einem Messer nach. Dann arbeiten Sie die Unterteilung mit der Riffelraspel nach. Glätten Sie abschließend die Schildkröte mit dem Schleifblock und streichen ihn nach dem Abpinseln mit Tiefgrund. Nach 24 Stunden können Sie sie mit einem Farbanstrich versehen und zum Beispiel die Hornplatten auf dem Panzer in unterschiedlichen Grün- und Brauntönen voneinander absetzen.

Kätzchen

Material

+ Ytongstein, 18 x 9 x 9 cm
+ Tiefgrund
+ Außenwandfarbe in Weiß
+ Säge (Fuchsschwanz)
+ Grobraspel
+ Riffelraspel
+ Messer
+ Stück Kupferrohr
  (0,75 cm Durchmesser)
+ Hammer
+ Schleifblock
+ Pinsel

Anleitung

Zeichnen Sie die Konturen des Kätzchens wie in der Skizze gezeigt auf den Stein. Mit der Säge tragen Sie den überschüssigen Stein oberhalb des Rückens und unter dem Kopf grob ab.

Achten Sie darauf, dass Sie nicht zuviel absägen, denn als Nächstes arbeiten Sie die Körperrundung mit der Grobraspel aus. Entstauben Sie Ihre Arbeit zwischendurch immer wieder mit dem Pinsel.

Raspeln Sie nun die Form des Kopfes heraus und achten dabei auf die Ohren. Sie werden mit der spitzen Seite der Riffelraspel etwas ausgehöhlt.

Wichtig ist, dass sie nicht zu dicht zusammenstehen, damit zwischen den Ohren die Rundung des Köpfchens zu erkennen ist.

Der Raum zwischen den beiden Vorderbeinen und zwischen Vorder- und Hinterbeinen wird jetzt mit Hilfe von Hammer und Holzbeitel vorsichtig freigelegt.

Arbeiten Sie die Feinheiten mit der Riffelraspel aus. Als Letztes wird der Schwanz deutlich herausgearbeitet. Er muss dicht am Körper anliegen, damit er nicht abbrechen kann.

Glätten Sie abschließend das Kätzchen mit dem Schleifblock, entstauben es und streichen es nach dem Abpinseln mit Tiefgrund. Nach 24 Stunden können Sie ihn mit einem Farbanstrich versehen. Wie wäre es mit einem getigerten Katzenkind?

Seitenansicht *Draufsicht*

9 cm

18 cm 18 cm

Liebenswerte Tiere

Katze

Material

+ Ytongstein, 48 x 20 x 24 cm
+ Tiefgrund
+ Außenwandfarbe in Weiß
+ Säge (Fuchsschwanz)
+ Grobraspel
+ Riffelraspel
+ Holzbeitel
+ Schleifblock
+ Pinsel

Anleitung

Skizzieren Sie die Katze auf dem Stein von allen Seiten. Mit der Säge tragen Sie den überschüssigen Stein oberhalb des Rückens und unter dem Kopf grob ab. Achten Sie darauf, dass Sie nicht zuviel absägen, denn als Nächstes arbeiten Sie die Körperrundung mit der Grobraspel aus. Berücksichtigen Sie dabei den langen Schwanz, der sich um die Katze herum über ihre Vorderpfoten schmiegt. Entstauben Sie Ihre Arbeit zwischendurch immer wieder mit dem Pinsel. Raspeln Sie nun die Form des Kopfes heraus und achten dabei besonders auf die spitzen Katzenohren. Mit der Riffelraspel werden nun noch die Feinheiten herausgearbeitet. Geben Sie anschließend dem Gesicht Form und Ausdruck, indem Sie vorsichtig mit dem spitzen Ende der Raspel die typische Zeichnung des Schnäuzchens einritzen. Der obere Teil der Schnauze, also die Nase, geht unmittelbar in die Augen über, die mandelförmig mit dem spitzeren Ende nach innen eingeritzt werden.

Glätten Sie abschließend Ihre Katze mit dem Schleifblock, pinseln sie ab und streichen sie danach mit Tiefgrund. Nach 24 Stunden können Sie sie mit einem Farbanstrich versehen, aber auch weiß wirkt sie sehr edel.

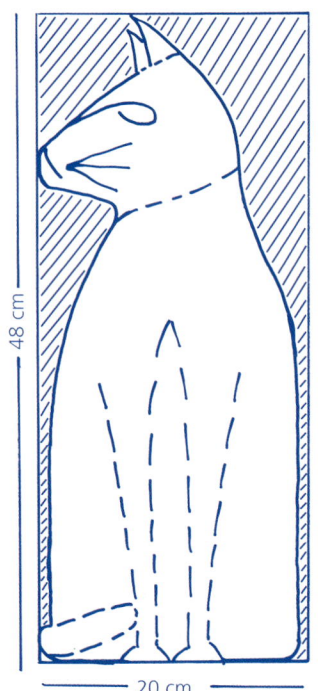

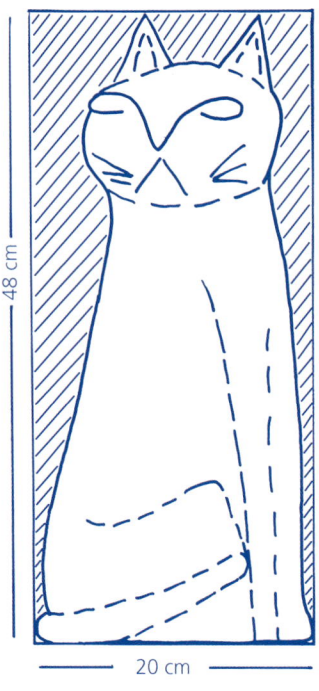

Henne und Hahn

Material

✦ Henne: Ytongstein, 18 x 15 x 22 cm
✦ Hahn: Ytongstein, 25 x 24 x 22 cm
✦ Tiefgrund
✦ Außenwandfarbe in Weiß
✦ Säge (Fuchsschwanz)
✦ Grobraspel
✦ Riffelraspel
✦ Stück Kupferrohr (0,75 cm Durchmesser)
✦ Hammer
✦ Schleifblock
✦ Pinsel

Anleitung

Die **Henne** entsteht im Wesentlichen aus
einer Kugel, allerdings ragen der Kopf mit
Kamm, Schnabel und Lappen sowie die an-
gedeutete Schwanzspitze darüber hinaus.
Skizzieren Sie zunächst die Umrisse der
Henne auf dem Stein und arbeiten sich
dann mit der Grobraspel an die groben Formen heran. Berücksichtigen Sie dabei besonders den überstehenden Kopf. Schnabel
und Kamm dürfen Sie nicht zu dünn arbeiten, da beide Teile sonst leicht abbrechen

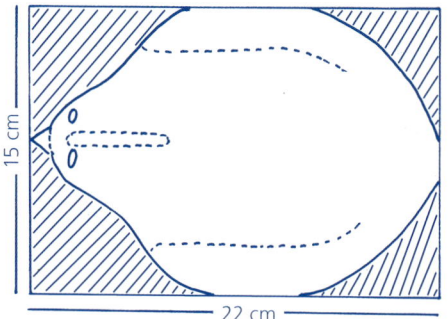

Draufsicht Henne

15 cm / 22 cm

Seitenansicht Henne

18 cm / 22 cm

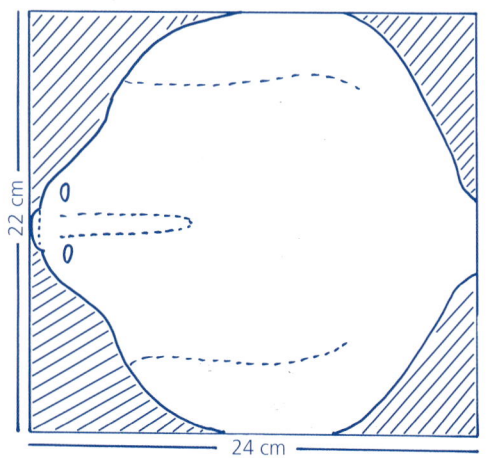

Draufsicht Hahn

22 cm / 24 cm

Seitenansicht Hahn

24 cm / 24 cm

können. Stauben Sie Ihre Arbeit zwischen den einzelnen Arbeitsgängen hin und wieder mit dem Pinsel ab. Verwenden Sie für die feineren Formen und die Rundungen die Riffelraspel.

Nun kommen die Augen an die Reihe. Hierfür wird das Stück Kupferrohr an den ent-

sprechenden Stellen aufgesetzt und vorsichtig mit dem Hammer etwa 2 mm in den Stein getrieben.

Glätten Sie Ihre Henne abschließend mit dem Schleifblock und streichen es nach dem Abpinseln mit Tiefgrund. Nach 24 Stunden kann der Farbanstrich folgen.

Wenn Ihre Henne so allein im Garten sitzt, wird sie sich bestimmt einsam fühlen. Schaffen Sie doch Abhilfe und fertigen für sie einen **Hahn**!

Zunächst zeichnen Sie die Konturen des Hahns auf die Seiten des Steins und sägen anschließend den Raum zwischen Kopf und Schwanz aus. Dann sägen Sie die Ecken rund und arbeiten mit der Grobraspel die Form heraus. Achten Sie hierbei besonders auf den vorstehenden Schnabel. Der Kopf muss kompakt gestaltet werden, um zum Kamm zu passen. Dieser wiederum muss ebenfalls massiv gearbeitet werden, damit er nicht abbricht. Direkt unterhalb des Kamms wird der offene Schnabel geformt. Die Augen werden genau wie bei der Henne mit dem Kupferrohr gestanzt. Der Schwanz wird mit der Grobraspel vorgeformt, und dann deuten Sie mit der Riffelraspel die Schwanzfedern und die Flügel an. Zum Schluss glätten Sie den Hahn mit dem Schleifbock und entstauben ihn mit dem Pinsel. Dann folgt der Anstrich mit Tiefgrund. Nach 24 Stunden können Sie den Farbanstrich vornehmen.

Hase

Material

+ Ytongstein, 20 x 50 x 20 cm
+ Tiefgrund
+ Außenwandfarbe in Weiß
+ Säge (Fuchsschwanz)
+ Grobraspel
+ Riffelraspel
+ Schleifblock
+ Pinsel

Anleitung

Zeichnen Sie den Hasen auf den Stein und arbeiten sich mit der Säge langsam an die Form heran. Unter dem Kopf und zwischen den Vorder- und Hinterbeinen wird das überschüssige Material herausgesägt.

Arbeiten Sie nun mit der Grobraspel weiter. Pinseln Sie Ihre Arbeit zwischendurch immer wieder ab. Für die feineren Formen und die Ausarbeitung der Pfoten verwenden Sie die Riffelraspel. Höhlen Sie die Ohren ein wenig mit der Riffelraspel aus.

Glätten Sie den Hasen abschließend mit dem Schleifblock und pinseln ihn ab. Nun wird er mit Tiefgrund gestrichen. Nach 24 Stunden kann der Farbanstrich folgen.

Sie können Ihren Hasen nun in dem für ihn typischen Tarnbraun streichen, doch zum Beispiel vor einer grünen Pflanze im Garten wirkt er auch in leicht getöntem Weiß sehr schön.

Seitenansicht

50 cm

20 cm

Draufsicht

50 cm

20 cm

Karpfen

Material

- ✦ Ytongstein, 20 x 10 x 10 cm
- ✦ Tiefgrund
- ✦ Außenwandfarbe in Weiß
- ✦ Säge (Fuchsschwanz)
- ✦ Grobraspel
- ✦ Riffelraspel
- ✦ Stück Kupferrohr (1 cm Durchmesser)
- ✦ Hammer
- ✦ Schleifblock
- ✦ Pinsel

Anleitung

Wer einen Teich im Garten sein Eigen nennt, wird sich sicher gern an dieser Skulptur versuchen.

Übertragen Sie zunächst die Konturen des Fischs auf den Stein und sägen die grobe Form aus. Dann arbeiten Sie sich mit der Grobraspel an die Fischform heran. Pinseln Sie Ihre Arbeit zwischendurch immer wieder ab. Für die feineren Formen wird die Riffelraspel verwendet. Schwanz und Flossen sollten jedoch nicht zu fein gearbeitet werden, da sie sonst leicht brechen können. Nun kommen die Augen an die Reihe.

Hierfür wird das Stück Kupferrohr an den entsprechenden Stellen aufgesetzt und vorsichtig mit dem Hammer etwa 2 mm in den Stein getrieben. Anschließend wird mit der Riffelraspel der Stein um das Auge vorsichtig abgetragen. So entsteht eine erhabene Linse, die Sie zur Halbkugel raspeln. Ritzen Sie jetzt den Mund ein.

Zum Schluss geben Sie dem Karpfen noch Schuppen, indem Sie das Kupferrohr nur halb aufsetzen. Ein leichter Schlag mit dem Hammer – und fertig ist die erste Schuppe. Nun wird der Karpfen abgepinselt und mit Tiefgrund gestrichen. Nach 24 Stunden kann der Farbanstrich folgen.

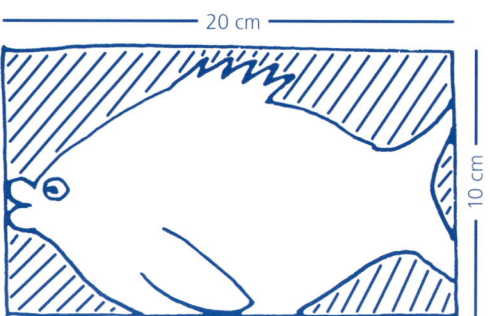

Skalar-Fisch

Material

- ✦ Ytongstein, 17 x 16 x 4 cm
- ✦ Tiefgrund
- ✦ Außenwandfarbe in Weiß
- ✦ Säge (Fuchsschwanz)
- ✦ Grobraspel
- ✦ Riffelraspel
- ✦ Stück Kupferrohr
  (1 cm Durchmesser)
- ✦ Hammer
- ✦ Schleifblock
- ✦ Pinsel

Anleitung

Dieser Fisch ist relativ schmal (nur 4 cm dick) gearbeitet, weshalb sich zum Beispiel ein Abfallstück als Ausgangsmaterial eignet. Zeichnen Sie zunächst die Umrisse auf die

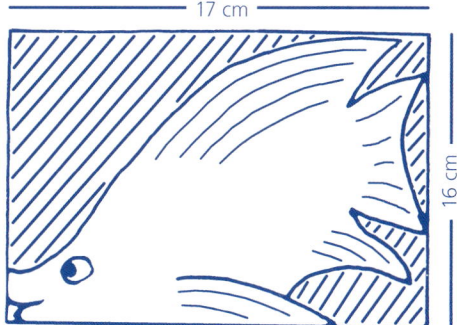

Steinplatte und sägen die grobe Form aus. Runden Sie Ihre Arbeit nun mit der Grobraspel etwas ab und lassen die Flossen spitz zulaufen. Pinseln Sie Ihre Arbeit zwischendurch immer wieder ab. Für die feineren Formen wird die Riffelraspel verwendet. Die Augen werden mit Hilfe eines Stück Kupferrohrs und eines Hammers eingestanzt. Hierfür wird das Kupferrohr an den entsprechenden Stellen aufgesetzt und vorsichtig mit dem Hammer etwa 3 mm in den Stein getrieben. Anschließend wird mit der Riffelraspel der Stein um das Auge vorsichtig abgetragen. So entsteht eine erhabene Linse, die Sie zur Halbkugel raspeln. Ritzen Sie jetzt den Mund mit leicht hochgezogenen Mundwinkeln ein. Mit der Riffelraspel

geben Sie den Flossen nun noch etwas Struktur. Abschließend wird der Skalar mit Tiefgrund gestrichen. Lassen Sie Ihre Arbeit 24 Stunden lang trocknen. Bei dem nun folgenden Farbanstrich können Sie Ihrer Fantasie freien Lauf lassen.

Delphin

Material

+ Ytongstein, 16 x 10 x 10 cm
+ Tiefgrund
+ Außenwandfarbe in Weiß
+ Naturstein
+ Holzdübel
+ Säge (Fuchsschwanz)
+ Grobraspel
+ Riffelraspel
+ Schleifblock
+ Pinsel

Anleitung

Skizzieren Sie zunächst die Umrisse des Delphins auf dem Stein und sägen die grobe Form aus. Beachten Sie hierbei, dass genug Stein für die Flossen stehen bleibt. Dann arbeiten Sie sich mit der Grobraspel an die Delphin-Form heran. Für die Feinheiten verwenden Sie die Riffelraspel. Pinseln Sie Ihre Arbeit zwischendurch immer wieder ab.

Das Rund der Augen wird vorsichtig mit dem Messer eingeschnitten. Raspeln Sie dann um das Auge herum mit der Riffelraspel ein wenig Stein weg, damit die Augen plastisch hervortreten, und runden die Linsen ab.

Abschließend glätten Sie Ihre Arbeit mit dem Schleifblock und pinseln den Staub ab. Jetzt wird der Delphin mit Tiefgrund und 24 Stunden später mit Außenwandfarbe gestrichen.

Wollen Sie Ihrem Delphin einen festen Stand verleihen, zum Beispiel auf einem Stein an Ihrem Teich oder auf der Fensterbank, so bohren Sie am Schwanzende von unten ein etwa 2 cm tiefes Loch mit dem Durchmesser des Holzdübels. Bevor Sie das Loch bohren, probieren Sie aus, wie der Delphin stehen soll. Bohren Sie anschließend ein passgenaues Loch (etwa 2 cm tief im Durchmesser des Holzdübels) in einen Naturstein und fixieren den Delphin mit dem Holzdübel auf dem Stein.

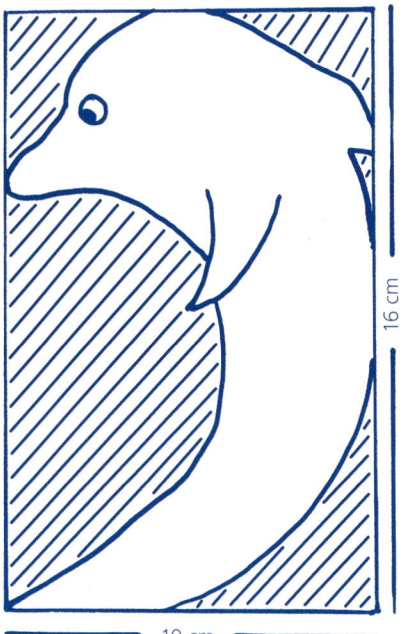

16 cm

10 cm

Außergewöhnliche Gestaltungsideen

Kykladische Eule

Material

- Ytongstein, 50 x 25 x 25 cm
- Tiefgrund
- Außenwandfarbe in Weiß
- Säge (Fuchsschwanz)
- Grobraspel
- Riffelraspel
- Messer
- Schleifblock
- Pinsel

Anleitung

Die griechische Kunstrichtung der Kykladeninseln ist halb abstrakt, und doch kann man ohne jede Erklärung erkennen, was die Objekte darstellen sollen. So ist auch bei dieser Eule nur das Wesentliche herausgearbeitet: die Augen, der Schnabel, die Füße und die Ohren.

Zeichnen Sie die Konturen entsprechend der Skizzen auf den Steinblock. Die groben Formen arbeiten Sie mit der Säge und später die Grobraspel. Für die Feinheiten verwenden Sie das Messer und die Riffelraspel. Achten Sie darauf, dass Rückgrat und Brustbein angedeutet werden. Entstauben Sie Ihre Arbeit zwischendurch immer wieder mit dem Pinsel, auch nach dem abschließenden Glätten mit dem Schleifblock.

Zum Schluss streichen Sie die Eule mit Tiefgrund ein, der 24 Stunden lang trocknen muss, bevor Sie, wenn Sie möchten, einen Farbanstrich vornehmen können.

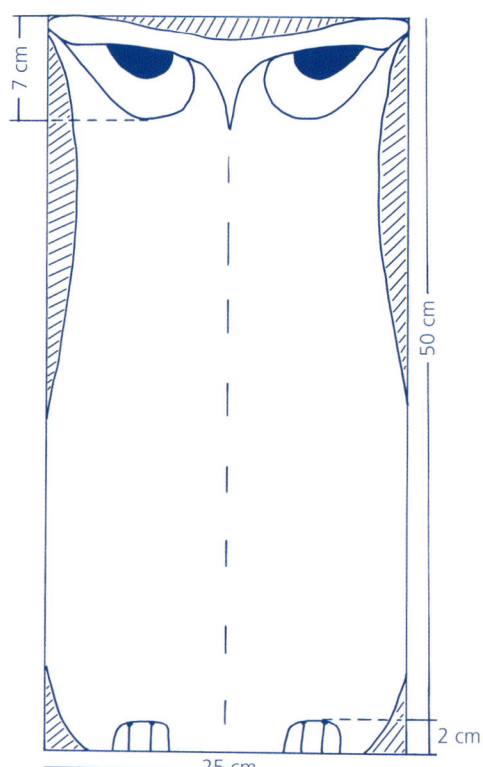

Kykladischer Frauenkopf

Material

- ✦ Ytongstein, 60 x 35 x 35 cm
- ✦ Tiefgrund
- ✦ Außenwandfarbe in Weiß
- ✦ Säge (Fuchsschwanz)
- ✦ Grobraspel
- ✦ Riffelraspel
- ✦ Schleifblock
- ✦ Pinsel

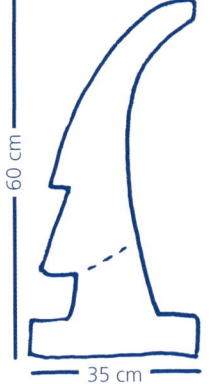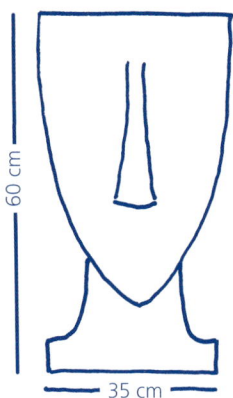

Anleitung

Die kykladische Kunst lebt von der Beschränkung auf das Wesentliche. Bei diesem Objekt wurde alles Unwichtige zurückgenommen, nur die Nase wurde hervorgehoben.

Skizzieren Sie die Skulptur entsprechend der Zeichnung auf dem Stein. Beim Aussägen achten Sie besonders auf die Nase, die Kinnform und den Sockel.

Dieser ist hier besonders wichtig, um der Skulptur Standfestigkeit zu verleihen. Verfeinern Sie nun die Konturen mit der Riffelraspel und glätten alles mit dem Schleifblock. Zwischendurch wird die Skulptur wiederholt mit dem Pinsel entstaubt.

Abschließend streichen Sie den Frauenkopf mit Tiefgrund, der 24 Stunden lang trocknen muss. Wenn Sie die Figur im Garten aufstellen möchten, können Sie in den kompakten Fuß mit der Bohrmaschine ein Loch bohren und einen Stab einlassen.

Mit diesem Stab können Sie Ihre Skulptur dann in der Erde verankern.

Kykladischer Männerkopf

Material

+ Ytongstein, 47 x 25 x 25 cm
+ Tiefgrund
+ Außenwandfarbe in Weiß
+ Säge (Fuchsschwanz)
+ Grobraspel
+ Riffelraspel
+ Messer
+ Schleifblock
+ Pinsel

Anleitung

Diese Skulptur zeichnet sich ebenso wie der Frauenkopf durch die Konzentration auf das Wesentliche aus.

Zeichnen Sie die Umrisse des Kopfes, wie in der Skizze gezeigt, auf den Stein. Achten Sie besonders auf die Ohren, die bis zur äußersten Fläche des rohen Steins reichen. Raspeln Sie um die Ohren herum den Stein ab. Die Ecken, die Halspartie und den Sockel können Sie mit der Säge vorarbeiten. Nachdem dann die grobe Form zu erkennen ist, raspeln Sie mit der Grobraspel die einzelnen Partien nach. Die Augen werden mit der Riffelraspel gearbeitet. Für die Wimpern setzen Sie die Rippelraspel wie ein Messer an und ziehen vorsichtig Rillen. Die Ohren werden ebenfalls mit der Riffelraspel nachgearbeitet. Vergessen Sie nicht, zwischendurch den Staub abzupinseln. Abschließend wird die Skulptur noch einmal mit dem Schleifblock geglättet, abgepinselt und dann mit Tiefgrund gestrichen. Nach 24 Stunden können Sie dann den Endanstrich mit Außenwandfarbe vornehmen.

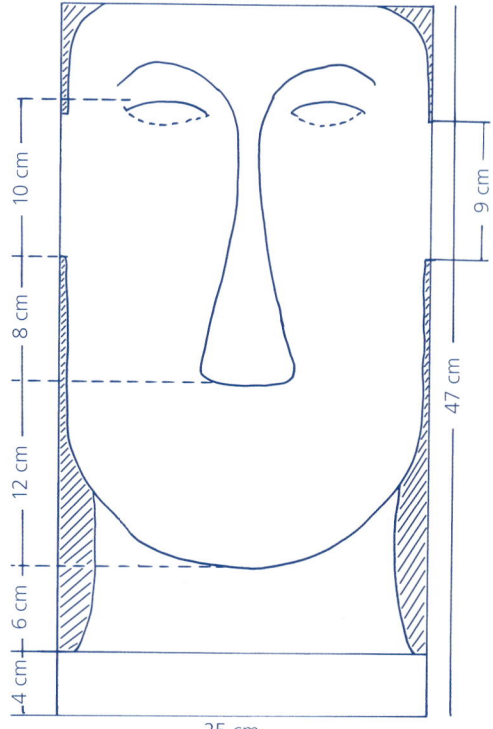

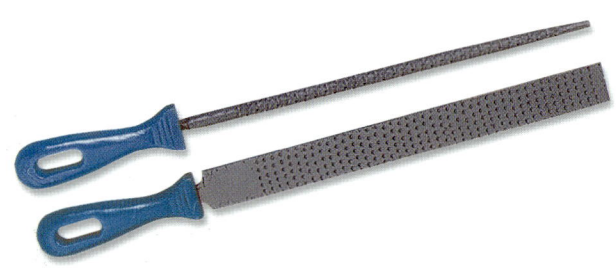

Herzrelief

Material

- ✦ Ytongstein, 12 x 17 x 4,5 cm
- ✦ Tiefgrund
- ✦ Außenwandfarbe in Weiß
- ✦ Säge (Fuchsschwanz)
- ✦ Grobraspel
- ✦ Riffelraspel
- ✦ Messer
- ✦ Schleifblock
- ✦ Pinsel

Anleitung

Zeichnen Sie die Umrisse wie in der Skizze gezeigt auf den Stein.

Sägen Sie zuerst die Herzform grob aus und runden dann alles mit der Riffelraspel ab. Das Herz steht auf der Spitze, deshalb arbeiten Sie die Spitze stumpf und unten glatt, um ihrer Skulptur eine stabile Standfläche zu geben.

Bei einem Relief ist das Abpinseln des Ytong-Staubs besonders wichtig, da die Konturen nicht sehr tief gearbeitet sind und erst ohne Staub gut sichtbar werden.

Die Konturen der beiden zueinander ge-wandten Gesichter werden nun vorsichtig mit dem Messer eingeschnitten und mit der spitzen Seite der Riffelraspel nachgearbeitet. Die Rückseite der Skulptur können Sie mit dem jeweils anderen Profil des Gesichts versehen oder auch einfach glatt lassen.

Zum Schluss glätten Sie alles vorsichtig mit dem Schleifblock – mit den Ecken des Schleifblocks kann man auch gut in den Rillen die Unebenheiten ausgleichen.

Pinseln Sie nun noch einmal gründlich den Staub ab und tragen Tiefgrund auf. Nach 24 Stunden können Sie dann den Endanstrich mit Außenwandfarbe vornehmen.

Elefantenrelief

Material
+ Ytongstein, 16 x 14 x 6 cm
+ Tiefgrund
+ Außenwandfarbe in Weiß
+ Grobraspel
+ Riffelraspel
+ Messer
+ Schleifblock
+ Pinsel

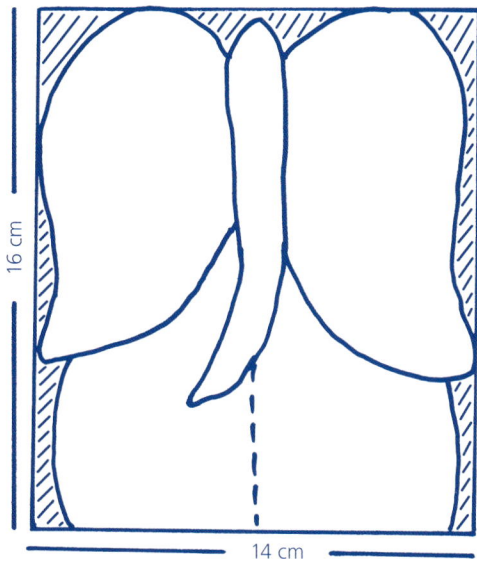

16 cm

14 cm

Anleitung
Zeichnen Sie zuerst die Kontur auf den Stein. Bei diesem Objekt werden nur die äußeren Umrisse mit der Grobraspel geformt, alle anderen Konturen arbeiten Sie mit Messer und Riffelraspel. Die Säge kommt hier nicht zum Einsatz. Pinseln Sie zwischendurch immer wieder den Staub von Ihrer Arbeit. Nun werden die aufgezeichneten Linien für die Konturen der Ohren und des Rüssels vorsichtig mit dem Messer eingeschnitten und mit der Riffelraspel vertieft.

Die Dicke der Ytongplatte erlaubt eine relativ plastische Ausarbeitung des Motivs. So wird die Innenseite der Ohren durch eine Vertiefung betont und alle anderen Teile eher rund als reliefartig gearbeitet. Auf der Rückseite des Elefanten deuten Sie nur den Schwanz an.

Nachdem Sie dann Ihre Arbeit mit dem Schleifblock geglättet und mit dem Pinsel abgestaubt haben, können Sie Tiefgrund aufbringen. Nach 24 Stunden folgt der End- oder Farbanstrich.

Eulenrelief

Material

+ Ytongstein, 12,5 x 16,5 x 4,5 cm
+ Tiefgrund
+ Außenwandfarbe in Weiß
+ Grobraspel
+ Riffelraspel
+ Messer
+ Schleifblock
+ Pinsel
+ Stück Kupferrohr (1,5 cm Durchmesser)
+ Hammer

Anleitung

Zunächst skizzieren Sie die Umrisse der Eule auf den Stein. Dann sägen Sie die grobe Form der Eule mit der Säge aus und runden die Konturen mit der Grobraspel ab. Alle weiteren Konturenlinien werden mit dem Messer eingeschnitten und mit der Riffelraspel weitergearbeitet. Pinseln Sie zwischendurch immer wieder den Staub von Ihrer Arbeit.

Bei der Bearbeitung von Augen und Schnabel sollten Sie recht behutsam vorgehen, damit nichts abbricht. Die Augen fertigen Sie mit dem Kupferrohr, da so die Augen runder werden. Setzen Sie hierfür das Kupferrohr an den entsprechenden Stellen auf und treiben es vorsichtig mit dem Hammer etwa 2 mm in den Stein. Anschließend wird mit der Riffelraspel der Stein um das Auge vorsichtig abgetragen, und die so entstandene Linse bleibt flach.

Bei einem Relief ist das Abpinseln des Ytongstaubs besonders wichtig, da die Konturen nicht sehr tief gearbeitet sind und erst ohne Staub gut sichtbar werden. Glätten Sie abschließend Ihre Arbeit mit dem Schleifblock und ent-

stauben sie mit dem Pinsel. Dann können Sie Tiefgrund aufbringen und nach 24 Stunden den End- oder Farbanstrich vornehmen.

Umschlungene Pinguine

Material

✦ Ytongstein, 14 x 10 x 10 cm
✦ Tiefgrund
✦ Außenwandfarbe in Weiß
✦ Säge (Fuchsschwanz)
✦ Grobraspel, Riffelraspel
✦ Messer, Hammer
✦ Holzbeitel
✦ Schleifblock
✦ Pinsel

Anleitung

Arbeiten Sie zuerst mit der Grobraspel aus dem Steinblock ein rund-ovales Stück, das unten für die Standfläche abgeflacht ist. Zeichnen Sie nun die Konturen auf das „Ei". Das überschüssige Material zwischen den reliefartig erhabenen Körperteilen der Pinguine tragen Sie mit Holzbeitel und Hammer vorsichtig ab. Vergessen Sie nicht, Ihre Arbeit zwischendurch immer wieder mit dem Pinsel abzustauben.

Nun beginnen Sie mit den Augen. Die Au-gen des größeren Pinguins sind offen, während die des kleinen Pinguins geschlossen sind. Für die offenen Augen zeichnen Sie

Seitenansicht   *Rückenansicht*   *Vorderansicht*

14 cm

10 cm   10 cm   10 cm

die runden Formen mit dem Bleistift vor und schneiden sie mit dem Messer nach. Dann tragen Sie um die Augen herum den Stein etwas ab, um sie plastisch wirken zu lassen, und runden die Linsen mit der Riffelraspel ab. Die geschlossenen Lider des kleinen Pinguins werden mit Bleistift angezeichnet und die Linien mit dem Messer nachgeschnitten. Unterhalb der Augen, zum Schnabel hin, wird mit der Riffelraspel etwas Stein abgetragen. Der große Pinguin trägt den kleinen auf seinen Füßen. Arbeiten Sie hier-

für die Füße des großen Pinguins unter dem Bürzel des kleinen Pinguins heraus.

Für die Aussage der Skulptur ist die Haltung der Flügel entscheidend. Der große Pinguin hält den kleinen im Arm – er trägt und beschützt ihn – während der kleine Pinguin einfach die Flügel hängen lässt. Glätten Sie abschließend die beiden Pinguine mit dem Schleifblock, entstauben sie mit dem Pinsel und streichen sie nach dem Abpinseln mit Tiefgrund. Nach 24 Stunden können Sie die Skulptur mit einem Farbanstrich versehen.